*Concours cantonal de Montmorency*

# CONCOURS CANTONAL

## DE

## MONTMORENCY.

## DISTRIBUTION DES PRIX.

## 1874.

MONTMORENCY

J. HUARD IMPRIMEUR.

1874.

# CONCOURS CANTONAL

## DE

## MONTMORENCY.

Le Lundi, 27 Juillet, a eu lieu à Montmorency, dans le parc de M. le maire, la distribution des prix aux élèves des écoles du canton de Montmorency.

La séance était présidée par M. Jourdain, membre de l'Institut, président de la délégation cantonale, assisté de MM. les membres de la délégation, en présence de M. le Sous-Préfet de Pontoise, de M. l'Inspecteur des écoles primaires, de M. Hayem, conseiller général, de MM. les maires et de MM. les curés, et d'un grand nombre d'habitants du canton.

Monsieur le président a pris la parole en ces termes :

CHERS ENFANTS,

Cette fête scolaire, si chère à vos familles et à vos maîtres, si chère à vous-mêmes, était présidée, il y a un an, par un magistrat qui vous aimait, et dont le zèle éclairé, l'équité bienveillante étaient universellement respectés dans le canton de Montmorency. Les services mêmes que M. Dufour nous avait rendus, l'ont fait appeler à l'une des justices de paix de la ville de Paris; nous avons dû renoncer dès lors à son concours actif: M. Dufour ne nous appartient désormais que par les liens réciproques de l'affection qu'il continue de vous porter, et de la reconnaissance que nous lui devons. Après lui, la présidence de la délégation cantonale ne pouvait être confiée à de meilleures mains qu'à celles de M. le Maire de Montmorency; nous avons insisté auprès de lui, mes collègues et moi, pour qu'il voulût bien l'accepter; nous n'avons pu l'y décider. M. Rey de Foresta, dont la sollicitude a tant d'autres occasions de s'exercer, a jugé que sa santé ne lui permettait pas d'ajouter cette nouvelle charge à toutes celles qu'il remplit déjà d'une manière si utile pour les graves intérêts confiés à sa haute expérience et à son dévouement. Et voilà comment celui qui vous parle, un des derniers venus de la délégation cantonale, s'est trouvé un jour appelé, contre son attente, par le suffrage de ses collègues, au poste honorable où vous le voyez en ce moment. En prenant ici la parole, vous ne vous étonnerez pas, chers enfants, si je considère comme mon premier devoir de remercier cordialement mes excellents collègues du nouveau témoignage qu'ils m'ont donné. Ce que je puis leur dire, ce que je dis à vos familles, c'est que je m'efforcerai de justifier leur confiance, en continuant de servir, selon mon pouvoir, cette grande et noble cause de l'instruction publique à laquelle j'oserai rappeler que toute ma carrière d'administrateur et d'écrivain a été jusqu'ici consacrée. J'ai sous les yeux les meilleurs exemples; ils me rappellent chaque jour les traditions de mon prédécesseur; je m'appliquerai à les suivre fidèlement.

La mission que nous autres délégués nous avons à remplir auprès de vous, chers enfants, cette mission semble au premier coup d'œil très-modeste; et cependant, lorsque je la considère de près, je trouve qu'elle a une sérieuse importance. Que sommes-nous en effet dans vos écoles? Nous sommes les représentants de vos familles. L'État a ses représentants spéciaux : c'est M. l'Inspecteur d'Académie, c'est M. l'Inspecteur des écoles primaires. Tous deux sont les organes de l'autorité supérieure; c'est par leur intermédiaire qu'elle nous transmet ses ordres; c'est sur leurs rapports qu'elle prend en général ses décisions, qu'il s'agisse de vous-mêmes et de vos études, ou de la position personnelle de vos maîtres. Il n'est personne parmi nous qui puisse méconnaître l'expérience de nos inspec-

teurs, le zèle qu'ils déploient, les services que nous leur
devons : ils permettront que je leur rende publiquement cet
hommage que vous ratifierez. Cependant le législateur n'a pas
cru avoir assez fait pour vous en les instituant; il a imaginé
une autre garantie dans votre intérêt et dans celui de vos instituteurs; à côté des inspecteurs, il a institué les délégués cantonaux qui ne relèvent pas d'eux, qui sont nommés par le
conseil départemental de l'instruction publique, c'est-à-dire par
un conseil dans lequel siégent des conseillers généraux, élus
eux-mêmes par vos familles. Après la loi, c'est du conseil
départemental que les délégués cantonaux tiennent leurs pouvoirs
ils ont reçu de ce conseil la mission de représenter vos
familles au dedans de l'école, d'être les interprètes bienveil-
lants de la sollicitude si naturelle qu'elles ont pour vous ; de
s'enquérir de votre conduite et de votre assiduité, de s'intéres-
ser à vos progrès, d'encourager ceux qui se montrent dociles,
studieux, appliqués; de veiller à l'exacte fréquentation des
classes, de faire la guerre dans chaque commune à la paresse
et à l'ignorance. Que dirai-je encore? les délégués cantonaux
ont pour devoir de venir en aide à vos instituteurs, et quand
les circonstances l'exigent, de leur prêter appui et protection.
Voilà, chers enfants, ce que nous avons à faire dans vos écoles;
et c'est là ce qui m'autorisait à vous dire que la mission qui
nous est confiée a, sous des formes modestes, une sérieuse
importance.

Cette mission, mes collègues et moi, nous l'avons acceptée de
grand cœur; nous continuerons de nous efforcer à la bien remplir. Comment pourrions-nous cependant nous en acquitter avec
succès, d'une manière utile pour la prospérité de nos écoles, pour
le développement de l'instruction populaire dans ce canton, si
nous n'étions pas nous-mêmes aidés et soutenus? Telle est la condition de l'homme ici bas, chers enfants: quoi qu'il fasse, quoi qu'il

tente, il a besoin de l'aide de ses semblables : ainsi Dieu l'a voulu, afin de resserrer les liens de la société humaine. Grâce à lui, l'assistance que nous réclamions dans votre intérêt, ne vous a pas été refusée. Nous l'avons obtenue à plusieurs reprises dans le courant de l'année qui vient de s'écouler ; nous l'avons eue d'une manière plus spéciale dans ces dernières semaines, en vue de notre distribution des prix. Le Conseil général de Seine-et-Oise, conformément à l'usage des années précédentes, nous a fait parvenir, par l'entremise de M. le Préfet et de M. l'Inspecteur d'académie, six prix à décerner au nom du département. M. le Ministre de l'instruction publique de son côté, par une généreuse innovation, a bien voulu mettre à la disposition de la délégation cantonale un certain nombre de volumes qui vous seront distribués en son nom. D'autres prix nous ont été offerts par M. Dufour, notre ancien président, par M. Antonin Lefèvre-Pontalis, membre de l'Assemblée nationale, par M. Hayem, membre du Conseil général. Le plus grand nombre des communes ont inscrit à leur budget des allocations dont le chiffre varie de 10 à 100 francs, et dont l'ensemble forme une ressource sur laquelle la délégation cantonale ose compter pour l'avenir. A ces cotisations communales sont venues s'ajouter les dons d'un grand nombre de particuliers auxquels nous avions fait appel et qui nous ont généreusement répondu.

Vous êtes vous-mêmes témoins de la gracieuse hospitalité que M. Rey de Foresta a bien voulu nous accorder pour la seconde fois dans ce beau parc, comme un nouveau témoignage de sa libérale sollicitude pour la jeunesse.

Puis-je oublier le concours que le clergé de ce canton nous a prêté, et dont la présence de M. le Curé de Montmorency dans les rangs de la délégation est pour nous le précieux gage ?

Puis-je oublier enfin vos instituteurs et le dévouement qu'ils ne cessent de vous témoigner? J'hésite d'autant moins à vous parler d'eux, que je sais combien leurs services sont appréciés de vous, et de vos familles et de l'autorité publique. Nous allons vous décerner les récompenses que vous avez méritées : vous me permettrez de rappeler les noms de ceux de vos maîtres et de vos maîtresses qui en ont eux-mêmes obtenu du gouvernement. Deux médailles de bronze ont été accordées, l'une à M<sup>me</sup> Hémonnot qui dirige d'une main si ferme l'école de Saint-Gratten ; l'autre à M. Amilhat, d'Enghien. M. Gilles, de Franconville, a reçu de la Société d'encouragement une médaille de bronze. Quant à M. Roubaud, de Montmorency, quel nouveau témoignage pouvait lui être offert, après tous ceux qu'il avait déjà reçus depuis 1852, si ce n'est la médaille d'argent qu'il a bien méritée après vingt années de l'exercice le plus honorable de sa profession ? Chers instituteurs, continuez de nous prêter le concours que nous avons reçu de vous jusqu'ici. Pour vous y encourager, vous n'avez pas besoin des souvenirs que je viens de rappeler ; vous n'avez même pas besoin du succès de vos élèves dans nos luttes scolaires. Qui ne sait en effet ce qu'elles ont d'imprévu et comment, au jour du combat, l'élève le meilleur oublie quelquefois ce qu'il croyait le mieux savoir ? La victoire lui échappe au moment où il croyait la tenir ; ce qui n'empêche pas que nos concours cantonaux ne soient un excellent moyen d'émulation. Il faut donc les maintenir, les encourager, leur donner un juste éclat. Mais quelque importance que nous y attachions, nous n'y cherchons pas, croyez-le bien, la mesure de votre valeur ; vous n'y trouverez pas vous-mêmes, je tiens à le répéter, la source de votre dévouement. Cette source, elle existe en vous, au fond de votre conscience, dans le sentiment de vos devoirs et dans la certitude que vous avez de bien mériter du pays, en vous consacrant à l'éducation de ses enfants.

Nous vous remercions en son nom. Nous remercions cordialement M. le Ministre de l'instruction publique et le conseil général de Seine-et-Oise ; nous remercions MM. les Maires des communes, et MM. les Curés. Nous remercions enfin toutes les personnes généreuses qui ont bien voulu s'associer à notre œuvre et seconder nos efforts. L'appui que la délégation cantonale a trouvé est pour elle le plus honorable des encouragements ; pour vous, chers enfants, il doit être une leçon.

Vous êtes-vous demandé pourquoi cet éclat donné à une solennité purement scolaire, pourquoi cette nombreuse assistance accourue pour entendre proclamer vos noms, pourquoi cet empressement à multiplier en votre faveur les récompenses de toutes sortes ? Si cette fête ressemblait à beaucoup d'autres fêtes qui se célèbrent dans vos communes, la délégation cantonale aurait-elle donc fait appel à tant de bonnes volontés ? Assurément non ; mais il s'agissait de votre éducation ; et aux yeux de tout homme raisonnable, de tout bon citoyen, votre éducation est un intérêt de premier ordre pour vous, pour vos familles et pour le pays.

Parmi tous ceux qui m'écoutent, il n'en est pas un seul qui ne comprenne combien il importe à la société française que tous ses enfants reçoivent une instruction suffisante, une instruction conforme à la volonté du législateur, c'est-à-dire une instruction qui comprenne les éléments indispensables des connaissances humaines et qui ne soit pas séparée de la religion. La loi veut que vous sachiez lire, écrire et compter, que vous possédiez les faits mémorables de l'histoire de votre pays, que vous ayez quelques notions de géographie ; et elle veut aussi que vous soyez entretenus dans la connaissance de Dieu et des vérités salutaires que le catéchisme vous enseigne. Or l'instruction ainsi définie est le plus grand des bienfaits

que vous puissiez recevoir; et c'est un bienfait qui, en même
temps que vous en profitez, tourne au bien général.

Je dis d'abord qu'elle est un bienfait pour vous. Ne savez-
vous pas qu'il n'y a pas une position dans la vie, si humble
qu'elle puisse être, où l'homme ne trouve un grand avan-
tage à être instruit? Au comptoir comme à l'atelier, dans les
travaux des champs, comme dans une étude de notaire ou
d'huissier, en un jour d'élection comme au foyer domestique,
non seulement il est bon, mais il est nécessaire de se sentir
relevé et fortifié par la pensée de Dieu et de sa loi, et en
même temps d'avoir l'esprit pourvu et orné d'utiles connaissances. Quels sont ceux qui réussissent le mieux en général,
si ce n'est les plus instruits, et combien ne pourrait-on pas
citer d'enfants, issus de parents pauvres, qui ont fait leur
chemin dans le monde, grâce à leur instruction, et qui sont
ainsi parvenus à une situation bien supérieure, sous le rapport
de la fortune, à celle dans laquelle ils étaient nés! Quelques-
uns, par une faveur spéciale de la Providence, se sont élevés
si haut qu'il serait présomptueux de prétendre les égaler.
Vous avez pu lire leur biographie dans les ouvrages qui
sont entre vos mains. Ainsi, pour ne donner que deux exemples, qu'était-ce, dans son enfance, que Francklin, ce savant
illustre à qui nous devons la découverte du paratonnerre, ce
grand homme d'Etat, un des fondateurs de la République des
Etats-Unis? Franklin était un petit apprenti imprimeur. Il eut
l'admirable bon sens de réfréner son caractère qui était mauvais,
de cultiver son esprit qui était excellent; et s'étant rendu ainsi
capable de servir sa patrie et l'humanité, il s'est acquis un nom
immortel dans les fastes de l'histoire. Et Georges Stephenson,
le premier des ingénieurs de ce temps, à qui l'Angleterre a dû
ses premiers chemins de fer, savez-vous ce qu'il faisait à l'âge
de 12 ans? Il gardait des vaches à raison de 20 centimes par

jour; à treize ans il aidait son père à chauffer une machine destinée à extraire l'eau d'une mine. Mesurez la distance qui sépare ces infimes occupations et les œuvres auxquelles le nom de Stephenson est resté attaché, alors que ce rare esprit, développé par le travail le plus assidu, par les études les plus opiniâtres, accomplissait, aux applaudissements de ses compatriotes, une si bienfaisante réforme dans les voies de communication. Je ne vous demande pas de vous élever à ces hauteurs; aussi bien, il n'est pas nécessaire de les atteindre pour vivre heureux, et la Providence n'a pas mis le bonheur à ce prix. Mais, croyez-moi, travaillez et instruisez-vous dans votre jeunesse; vous serez un jour récompensés de vos efforts. L'avenir n'appartient qu'à Dieu, et il ne me plaît pas de l'engager par d'impuissantes promesses. Je vous le dirai cependant du fond du cœur et avec l'accent d'une conviction profonde: A celui qui n'aura pas dédaigné les conseils de notre expérience, qui aura fidèlement suivi l'école où ses parents l'ont placé; qui se sera montré docile, studieux, appliqué, qui après avoir quitté l'école, n'aura pas jeté là ses livres, comme un bagage inutile, mais qui aura continué de s'instruire, de cultiver son esprit, d'élargir le cercle de ses connaissances, réglé d'ailleurs dans ses mœurs et dans sa vie, attaché à tous ses devoirs, à celui-là, quelque humble que soit sa condition, quelque durs, quelque amers qu'aient été pour lui les commencements de l'existence, plein de confiance dans la justice de Dieu et dans celle des hommes, je promets au nom de cette société si calomniée et cependant si libérale envers tous ses enfants, oui je promets, non pas l'opulence qui est le lot privilégié de quelques-uns, mais une carrière honorée, et l'aisance qui suffit au bonheur.

Voilà les fruits que l'instruction que vous aurez reçue portera pour vous-mêmes; mais ce n'est pas à vous seulement qu'elle profitera; c'est au pays tout entier. Etant plus instruits vous serez mieux en état de le servir. Vous le servirez d'abord par l'exemple de votre savoir, par le succès de vos entreprises, par la considération dont vous jouirez, par l'influence que vous exercerez, par les améliorations utiles que peut-être il vous sera donné d'introduire dans le genre d'industrie auquel vous vous serez livrés. Puis, les sentiments de patriotisme que vous portez au fond de vos cœurs, s'y graveront d'autant plus profondément, ils deviendront d'autant plus fermes, d'autant plus invincibles, qu'ils seront plus éclairés. A mesure que vous connaîtrez mieux la France et le rôle qu'elle a joué dans le monde, et l'influence qu'elle a eue sur la civilisation par la beauté de sa littérature comme par la puissance de ses armes, vous l'aimerez davantage. Quand vous aurez vu se dérouler sous vos yeux la longue suite des épreuves qu'elle a déjà subies et dont elle a toujours triomphé jusqu'ici, ses épreuves actuelles, si douloureuses, qu'elles soient, ne seront pas pour vous un motif de découragement. Vous ne consentirez jamais à regarder cette nation, en dépit des sinistres prédictions de ses rivaux, comme un peuple perdu dont les jours seraient comptés, et qui devrait bientôt disparaître de la scène du monde. Non, connaissant l'histoire de votre pays, vous ne céderez jamais à cette pensée sacrilége. Vous vous direz que vous êtes, après tout, ce qu'ont été vos pères, et que si Dieu vous protége comme il a toujours protégé les fils des Francs, vous vous sentez capables de renouveler leurs glorieuses traditions. Vous conserverez une foi indestructible dans les destinées de la patrie.

Je crains de fatiguer votre attention et celle de vos familles; je m'arrête, chers enfants. Ayez bon courage. Ne vous laissez pas arrêter par les difficultés qui détournent quelquefois de l'étude. Fréquentez assidûment vos écoles respectives : écoutez avec docilité les leçons de vos maîtres; faites en sorte d'acquérir par leurs soins, l'instruction qui convient à votre âge. Vous témoignerez par là, de la manière la plus digne, la sincérité de votre reconnaissance pour tous ceux dont la sollicitude s'étend sur vous; et en vous rendant service à vous-mêmes, vous aurez la joie de penser que vous vous préparez à mieux servir un jour notre mère commune, la France.

M. le Sous-Préfet, encore sous l'émotion d'une perte toute récente, s'est contenté de dire quelques mots après M. Jourdain.

« Laissez-moi, M. le Président, vous remercier des
» excellentes paroles que je viens d'entendre. Vous m'avez
» profondément ému en parlant, comme vous l'avez fait, de
» la France et des moyens de lui assurer dans l'avenir
» d'excellents citoyens, par le développement toujours crois-
» sant de l'instruction dans nos campagnes. Au nom du
» gouvernement, je vous remercie, M. le Président. Votre
» voix est la voix de la France. »

Ces paroles ont été suivies d'applaudissements prolongés.

La fanfare de Deuil qui, elle aussi, avait bien voulu nous prêter son concours, a annoncé le commencement de la distribution, qu'elle a égayée par divers morceaux.

M. le secrétaire de la délégation a ensuite fait l'appel des lauréats comme il suit:

# PREMIÈRE DIVISION

## 88 concurrents.

## Orthographe.

| Nos d'ordre | NOMS et PRÉNOMS | ÉCOLES | INSTITUTEURS et INSTITUTRICES |
|---|---|---|---|
| 1er Prix | BEAULIEU Jeanne | Ermont | Mlle COVARY. |
| Rappel | COLLET Alfred | Franconville | MM. GILLES. |
| 2 Prix | FIÉVÉ Jean Baptiste. | Ermont | GUILBERT |
| 3 Prix | DHERET Léon Gabriel. | Soisy. | MERCERIS. |
| 1er accessit. | DOUCET Laure Ernestine. | Montmorency. | Se MARIE PROTOGÈNE. |
| 2 — | BAUDIER Victor. | id. | M. ROUBAUD. |
| 3 — | BRICQUET Léontine. | Ermont | Mlle COVARY. |
| 4 — | HEBERT Léon | Taverny. | MM. BURILLON. |
| 3e Prix en 1873 | FERRAND Baptiste. | Enghien. | ANDILLAT. |
| 3e Accessit. | TAVIER Louis Léon. | Franconville. | GILLES. |
| 1er prix en 1873 | ROSSIGNOL Henri. | Soisy. | MERCERIS. |
| 6 — | FAUVEAU Gaston Lucien' | Groslay. | PILLIEUL. |
| 7 — | BOISSY Léon. | Frepillon | PETZAU. |
| 8 — | NANTET Paul Arthur. | Eaubonne | MANDAR |
| 9 — | MEUNIER Henri Léon. | St Gratien | HÉMONNOT. |
| 10 — | FOUINAT Abert Adolphe. | Soisy. | MERCERIS |
| 11 — | LETURC Louis. | Taverny. | BURILLON |

## Arithmétique

| Nos d'Ordre | NOMS et PRÉNOMS | ÉCOLES | INSTITUTEURS et INSTITUTRICES |
|---|---|---|---|
| 1er Prix | COLLET Alfred | Franconville. | MM. GILLES |
| 2 Prix | LETURC Louis. | Taverny. | BURILLON. |
| 3 Prix | ROSSIGNOL Henri. | Soisy. | MERCERIS. |
| 1er Accessit. | ROSAIN Alfred. | Saint-Prix. | JULLIEN. |
| 2 — | FOUINAT Albert | Soisy. | MERCERIS |
| 3 — | DHERET Léon. | id. | MERCERIS. |
| 4 — | GRIVELET Jules. | Montmagny. | MERCERIS. |
| 5 — | FERRAND Baptiste | Enghien. | ANDILLAT. |
| 6 — | LACOUDRE Joseph Ferdd | Deuil. | GAUDET. |
| 7 — | FRIOUX Léon | id. | GAUDET. |
| 8 — | FIÉVÉ Jean. | Ermont. | GUILBERT |
| 9 — | BERTRAND Eugène. | Bessancourt. | LACOUDRE |
| 10 — | NANTET Paul Arthur. | Eaubonne | MANDAR. |
| 11 — | CREMONT Louis Marcel. | Montmorency. | ROUBAUD. |
| 12 — | TILLIET Louise Eugénie. | St-Gratien. | Mlle HÉMONNOT |

# Histoire.

| Nos d'ordre | NOMS et PRÉNOMS | ÉCOLES | INSTITUTEURS et INSTITUTRICES |
|---|---|---|---|
| 1er Prix | DOUCET Laure Ernestine. | Montmorency. | Sr Marie Protogène. |
| 2e Prix | COLLET Alfred. | Franconville. | M. Gilles. |
| 3 Prix | FERRAND Baptiste. | Enghien. | M. Amilhat. |
| 1er accessit. | ROSAIN Alfred. | St Prix. | M. Jullien. |
| 2 — | DÉLIHU Léontine Berthe. | Montmorency. | Sr Marie Protogène. |
| 3 — | BUREAU Eugénie Marie. | id. | id. |
| 4 — | BOUHOURS Alexandre. | Enghien. | M. Amilhat. |
| 5 — | DHINAUT Pierre Edouard | Franconville. | M. Gilles. |
| 4e accès. en 73 | ROSSIGNOL Henry Joseph | Soisy. | M. Mercenis. |
| 6 — | LACOUDRE Joseph Ferd¹. | Deuil. | M. Gaudet. |
| 7 — | GROUTEAU Joséphine Hᵉ | Montmorency. | Sr Marie Protogène. |
| 8 — | PECNARD Aimée Marie. | id. | id. |
| 9 — | GUILLET Auguste | Enghien. | M. Amilhat. |

# Géographie.

| Nos d'ordre | NOMS et PRÉNOMS | ÉCOLES. | INSTITUTEURS et INSTITUTRICES. |
|---|---|---|---|
| 1er Prix | LACOUDRE Joseph Ferd¹ | Deuil. | M. Gilles. |
| Rappel | BOUHOURS Alexandre. | Enghien. | M. Amilhat. |
| 2 Prix | AUMAITRE Achille Léon. | Montmorency. | Sr Marie Protogène. |
| 3 Prix | COLLET Alfred. | Franconville. | M. Gilles. |
| 1er accessit | FOUINAT Albert Adolphe | Soisy. | M. Mercenis. |
| 2 — | GODON Marie Célestine. | Montmagny. | M. Mercenis. |
| 3 — | ROSSIGNOL Henry. | Soisy. | M. Mercenis. |
| 4 — | CHARTIER Eugène. | Enghien. | M. Amilhat. |
| 5 — | NANTET Paul Arthur | Eaubonne. | M. Mandar. |
| 6 — | FAUVEAU Gaston Lucien | Groslay. | M. Fillieul. |
| 7 — | DHINAUT Pierre Edouard | Franconville. | M. Gilles. |
| 8 — | GOURAPIED Léopold Jⁿ. | Soisy. | M. Mercenis. |
| 1er prix en 1873 | FERRAND Baptiste. | Enghien. | M. Amilhat. |
| 9 — | LETURC Louis. | Taverny. | M. Burillon. |
| 10 — | DAVAL Eugène Auguste. | Deuil. | M. Gaudet. |
| 11 — | DOUCET Laure Ernestine | Montmorency. | Sr Marie Protogène. |

# DEUXIÈME DIVISION

## 64 Concurrents

## Orthographe

| Nos d'ordre | NOMS et PRÉNOMS | ÉCOLES | INSTITUTEURS et INSTITUTRICES |
|---|---|---|---|
| 1e Prix | REDET Amélie | Andilly. | Mlle Petitfils |
| 2e Prix | BENOIST Louis | Bessancourt. | Mme Lacoudre |
| 3e Prix | LUCAS Edmond. | Franconville. | Gilles. |
| 1e accessit. | DAMARS Gustave. | Andilly. | Tillet. |
| 2 — | THIBOUST Elysé | Bessancourt. | Lacoudre. |
| 3 — | VASSEUR Emile Jules | Saint-Gratien | Hémonnot |
| 4 — | DESGROUT Célina | Andilly. | Mlles Petitfils. |
| | LEGAUD Pauline | id. | Petitfils. |
| 5 — | PATTE Rosa Angélina | Chauvry. | M. Delouvre |
| 6 — | ROUSSELET Mélanie Ad. | Deuil. | Mme Huchot. |
| 7 — | GILLES Prosper | Franconville | Mlle Gilles. |
| 8 — | MESSAGER Eugène Albert | Plessis-Bouchard | Bizet. |
| | ONFROY Emile | Montmorency. | Roubaud. |
| 9 — | MARIN Berthe. | Ermont. | Mlle Covart. |

## Arithmétique,

| Nos d'ordre | NOMS et PRÉNOMS | ÉCOLES | INSTITUTEURS et INSTITUTRICES. |
|---|---|---|---|
| 1e Prix | BENOIST Louis. | Bessancourt. | M. Lacoudre |
| 2e Prix | LUCAS Edmond. | Franconville. | Gilles |
| 3e Prix | ANTHEAUME Paul. | id. | Gilles. |
| 1e Accessit. | THIBOUST Elisée | Bessancourt | Lacoudre |
| 2 — | COINDOT Alexandre. | Montmorency | Roubaud. |
| 3 — | DUBOST Héloïse | Andilly. | Mlle Petitfils. |
| 4 — | LAMOUCHE Gustave | Montmorency. | M. Roubaud |
| 5 — | LEGAUD Pauline. | Andilly | Mlle Petitfils |
| 6 — | HAYEZ Pauline | St Prix. | M. Jullien. |
| 7 — | DAMARS Gustave | Andilly | Tillet |
| 8 — | CHÉNEDÉ Philomène | Taverny. | Mme Duport |
| 9 — | LIMOUZIN Léon Claire. | Deuil | Mme Gaudet. |
| 10 — | VASSEUR Emile Jules. | Saint-Gratien | Hémonnot. |

# MÉDAILLES ET LIVRETS DE LA CAISSE D'ÉPARGNE

## DÉLIVRÉS AU NOM DU CANTON.

### Médailles de vermeil.

1. M<sup>lle</sup> BEAULIEU Jeanne.
2. M<sup>lle</sup> REDET Amélie, avec livret de........ 25<sup>f</sup>.
3. COLLET Alfred ............id............... 50<sup>f</sup>.
4. BENOIST Louis ...........id............... 25<sup>f</sup>.
5. M<sup>lle</sup> DOUCET Laure .......id............ 25<sup>f</sup>.
6. LACOUDRE Joseph.

### Médailles d'argent.

1. FIÉVÉ Jean Baptiste.
2. LETURC Alphonse.
3. LUCAS Edmond.
4. AUMAITRE Achille.

### Médailles de bronze.

1. DHÉRET Léon.
2. ROSSIGNOL Henry.
3. ANTHEAUME Paul.
4. FERRAND Baptiste.

Ces récompenses spéciales ont été accordées aux élèves précédents pour l'importance ou le nombre des bonnes places obtenues au concours.

Nota. *Nous croyons utile de mentionner que tous les 1<sup>er</sup> prix ont été donnés par le Département; tous les 2<sup>e</sup> prix, par Monsieur le ministre de l'Instruction publique; les 3<sup>e</sup>, par MM. Lefèvre Pontalis, député, A. Hayem, conseiller général, Dufour, président honoraire de la délégation.*